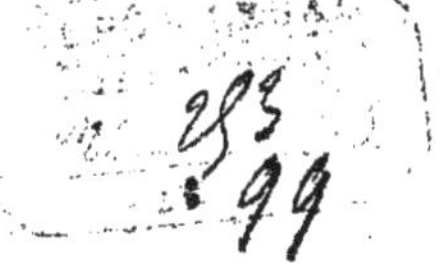

LA LOI

SUR LES

ACCIDENTS DU TRAVAIL

PAR

M. le Bon Amaury de la Barre de Nanteuil

(Extrait de la Revue de Lille, *Juillet 1899).*

SUEUR-CHARRUEY
IMPRIMEUR-LIBRAIRE-ÉDITEUR
ARRAS — 10, Rue des Balances
PARIS — Rue de Vaugirard, 41

LA SCIENCE CATHOLIQUE, Revue des questions sacrées et profanes, paraissant le 15 de chaque mois en un fascicule format grand in-8° d'au moins 96 pages, fondée par M. l'abbé JAUGEY, continuée par M. l'abbé BIGUET, docteur en philosophie, directeur au Séminaire Saint-Thomas, à Arras, secrétaire de la rédaction, 13° année en cours 12 fr

La SCIENCE CATHOLIQUE demeure fidèle au programme tracé par son fondateur M. l'abbé J.-B. Jaugey, de regrettée mémoire.

Son but est toujours de répandre parmi le clergé et les catholiques instruits la connaissance des réponses données aujourd'hui par la théologie et par les sciences profanes aux nombreuses objections dirigées contre les vérités chrétiennes, et aussi de travailler au développement des sciences sacrées, en signalant, au jour le jour, les progrès accomplis au sein des écoles catholiques.

Les Facultés Catholiques, les Grands Séminaires, les Ordres religieux fournissent à la SCIENCE CATHOLIQUE le plus grand nombre de ses collaborateurs. D'autres, non moins estimables et non moins appréciés, lui apportent de France et d'ailleurs, le puissant concours de leur réputation et de leur savoir.

Des BULLETINS nombreux et variés tiennent les lecteurs au courant des ouvrages et des articles publiés sur les matières les plus diverses, et les initient au mouvement intellectuel contemporain.

Ces indications sur le programme, les moyens d'action et la rédaction de la *Science Catholique* doivent suffire pour la recommander à l'attention et à la bienveillance des lecteurs catholiques. Voici du reste les noms des auteurs qui ont bien voulu apporter à la *Science Catholique*, leur précieuse collaboration :

M. le chanoine Allègre, vicaire général de Meaux ; le R. P. Bainvel, S. J. ; M. l'abbé Bellamy ; M. l'abbé Bellouvet, ancien professeur des Hautes Études ; R. P. Dom Besse, O. S. B. ; M. l'abbé Biguet ; M. le chan. Bourgeat. docteur ès-sciences, doyen de la Faculté Catholique des sciences de Lille ; M. le Docteur Camelot, professeur à la Faculté Catholique de Lille ; M. le chan. Charpentier, secrétaire de Mgr l'Évêque de Carcassonne ; M. l'abbé Chauvin, supérieur du Petit séminaire de Mayenne ; M. Couette, professeur à la Faculté Catholique d'Angers ; M. Drillon, avocat à Lille ; M. l'abbé Dubois ; M. l'abbé Duflot, ancien directeur de la Science Catholique ; le R. P. Fontaine, S. J. ; M. le chan. Forget, professeur à l'Université Catholique de Louvain ; M. l'abbé Guillemant, supérieur du Petit séminaire d'Arras ; Mgr Lamy professeur à l'Université Catholique de Louvain ; le R. P. Dom Legay, O. S. B. ; M. Le Camus chanoine théologal de Carcassonne, vicaire général de Chambéry ; M. l'abbé Leuridan, archiviste à la Faculté Catholique de Lille ; M. l'abbé Mielle, professeur au Grand séminaire de Langres ; M. l'abbé de Moor, curé doyen de Deynze. (Belgique) ; M. le chanoine Palis, aumônier des dames de St-Maur à Béziers ; M. le chanoine Pillet, doyen de la Faculté Catholique de Théologie de Lille ; le R. P. Ragey, Mariste ; le R. P. Dom Renaudin, O. S. B. ; M. le Docteur Surbled ; M. l'abbé Trésal ; M. l'abbé Vieille-Cessay, professeur au Grand Séminaire de Besançon.

La table des douze premières années de la *Science Catholique* sera incessamment mise sous presse. Le prix qui sera ultérieurement fixé, sera aussi réduit que possible en faveur de MM. nos Abonnés.

Les 12 premières années — net **72** francs.

A titre de spécimen quelques exemplaires de la 10° et 11° année sont cédés à net 1 fr. l'année brochée.

REVUE DE LILLE, neuvième année en cours, — deuxième année de la deuxième série — (Novembre 1898 à Novembre 1899). **12** fr.

La **Revue de Lille** paraît le 25 de chaque mois en un fascicule d'au moins 96 pages, dans le même format que la **Science Catholique**.

Le prix d'abonnement annuel précédemment de 20 fr. est fixé à 12 francs pour la présente année (novembre 1898 à novembre 1899).

Afin que nos lecteurs puissent apprécier toute la valeur de cette revue, nous mettons à leur disposition au prix net de 2 fr. (2 fr. 60 franco) la VIII° et la IX° années (1re et 2° années de la 2° série) Nov. 1896 à Novembre 1898.

Abonnement simultané à la Revue de Lille et à la Science Catholique — 17 francs.

LA LOI

SUR LES

ACCIDENTS DU TRAVAIL

PAR

M. le Bon AMAURY DE LA BARRE DE NANTEUIL

(Extrait de la REVUE DE LILLE, *Juillet 1899).*

SUEUR-CHARRUEY
IMPRIMEUR - LIBRAIRE - ÉDITEUR
ARRAS
10, rue des Balances
PARIS
rue de Vaugirard, 41

LA LOI SUR LES ACCIDENTS DU TRAVAIL

Messieurs,

Je me propose de dire bien franchement le pour et le contre de la Loi du 9 avril 1898, concernant les accidents du travail. Je signalerai d'abord les insuffisances du Code civil qui rendaient des réformes indispensables. Puis après avoir développé sommairement les dispositifs de la loi nouvelle (afin de bien éclairer ma lanterne), je ferai voir au grand jour les vices radicaux de la législation actuelle, législation qui ne prend ni l'intérêt de l'ouvrier, ni celui du patron, tout en ayant la prétention de les satisfaire l'un et l'autre.

LACUNES DE LA LOI ANCIENNE

Historique.

I

Sous l'empire de l'ancienne loi, c'est-à-dire du Code civil, les patrons n'étaient tenus à aucune indemnité fixe en cas d'accident survenu à l'un de leurs employés. Le sinistré ou sa famille n'avait que le recours de droit commun contre l'entrepreneur et ce recours souvent illusoire, devait être porté par eux devant le tribunal. Il ne donnait droit au demandeur qu'à des dommages-intérêts variables suivant le cas. Les juges se basaient sur les articles 1382 et 2102 du Code civil pour établir la responsabilité du patron, et en vertu de ces textes, celui-ci répondait sur tous ses biens de l'allocation accordée.

Ainsi donc, une responsabilité générale, mais vague, imprécise et changeante, pesait sur les chefs d'atelier, sans leur imposer, toutefois, aucune réparation déterminée. Il résultait cette conséquence, qu'un procès était toujours nécessaire pour justifier les prétentions de l'ouvrier. Alors, c'étaient des frais, des lenteurs interminables, devant lesquelles le sinistré reculait souvent. Vous savez, messieurs, ce que coûte une action judiciaire et comme l'issue en est souvent douteuse, même quand la cause paraît bonne. Rien donc d'étonnant à ce que la victime ou ses ayants-droit aient préféré souvent renoncer à de justes réclamations plutôt que de s'exposer, après bien des tracas, à ne pas les voir aboutir.

En fixant à l'avance une indemnité forfaitaire, graduée d'après certains tarifs, il était clair qu'on arriverait à la suppression de ces procès onéreux pour l'ouvrier, et aussi, ai-je besoin de le dire, pour le patron. Justice serait ainsi toujours rendue au travailleur.

C'est en quoi, la loi de 1898 a innové, et, à mon avis, d'une façon aussi heureuse qu'équitable.

II

Si, comme je le disais, les articles du Code civil n'étaient que des nids à chicanes, dont il ne sortait que des plaintes stériles, il y avait aussi bien des cas où ces plaintes mêmes étaient baillonnées et rendues impossibles pour d'autres motifs encore.

La statistique établit que sur 100 accidents, 20 sont dus à la faute exclusive du patron, 25 à la seule faute de l'ouvrier, 8 à la faute combinée de l'un et de l'autre, 47 enfin, à des cas de force majeure ou à des causes indéterminables que l'on ne saurait imputer ni à l'employé ni à l'entrepreneur.

Ainsi sur 100 sinistrés, 47, soit en chiffre rond la moitié, n'étaient couverts par l'allocation d'aucuns dommages intérêts, puisque le Code civil n'accordait ceux-ci au sinistré que sur sa demande expresse, et sur la preuve formelle, administrée par lui, de la faute de son patron. Comme dans les 47 °/o des accidents précités, aucune faute ne pouvait être prouvée ni contre l'employé, ni contre l'entrepreneur, personne n'avait de responsabilités : elles étaient toutes esquivées. Ne valait-il pas mieux, que même dans l'hypothèse en question, les patrons contribuassent — légèrement il est vrai — (ne fût-ce qu'au simple point de vue de l'apaisement social), à couvrir les risques d'un accident survenu dans le cours d'un travail fait après tout, à leur profit et par leur ordre ?

C'est afin de laisser une moindre proportion de sinistres en dehors de toute réparation pécuniaire, que la loi de l'année dernière est intervenue. En cela encore nous ne pouvons la blâmer.

III

Au début de ce siècle, quand l'ouvrier avait encore le choix de ses outils, nous comprenions qu'il fût responsable dans un bien plus grand nombre de cas, les accidents étant dus le plus souvent à son inhabileté ou à son imprudence dans l'usage de son instrument de travail. L'ouvrier avait adopté pour gagner son pain tel outil qu'il lui plaisait. Il devait savoir le manier, et s'il s'en servait mal, en subir les conséquences. En un mot, les accidents causés par sa maladresse ou son manque de précaution n'étaient imputables qu'à lui-même.

Mais, depuis l'introduction des machines, depuis que des moteurs de toute sorte mettent en mouvement des volants multipliés, rejoints par des courroies d'un voisinage souvent dangereux, depuis, enfin, que le progrès a doté le patron de ces puissants engins de travail qu'il a imposés à l'ouvrier, il était naturel que ce dernier n'ayant plus le choix de ses outils, fût exempt de responsabilité dans bon nombre d'accidents. Les patrons, maîtres de leurs machines et obligeant leur personnel à employer leurs propres instruments, devaient supporter une part plus large dans la réparation de sinistres devenus plus nombreux, en même temps que moins imputables aux travailleurs.

La nouvelle loi a consacré ce principe de justice : on ne saurait lui en vouloir.

IV

Enfin, une question bien plus importante restait à revoir, celle de la présomption de faute en cas d'accidents.

Quand il se produisait un sinistre sous l'empire du Code civil, l'ouvrier était a priori et de plein droit censé coupable d'imprudence. C'était à lui de prouver la faute de son patron, et cela par des procès dispendieux, comme nous l'avons montré. Or, dites-le-moi, était-il juste de faire peser sur le faible, sur celle des deux parties la moins apte à se défendre, une supposition préalable, fausse, nous l'avons vu, dans plus de 47 °/₀ des accidents ? Le travailleur n'ayant dans la plupart des cas ni l'instruction voulue, ni les ressources financières requises pour faire tomber cette présomption écrasante, le système du Code civil devait fatalement amener la victime ou sa famille à préférer d'être lésée en ne réclamant aucune indemnité, plutôt que d'entrer en conflit avec le patron plus riche et plus puissant que lui. Les battus paient l'amende, a dit le proverbe, et la veuve de l'ouvrier pauvre en était quitte, en cas de décès de son mari, pour sa douleur et aussi pour sa ruine.

Il a semblé plus équitable d'intervertir les rôles, de renverser les responsabilités, en mettant sur le compte du plus fort ce qui auparavant écrasait le plus faible.

Et c'est pourquoi la nouvelle loi sur les accidents voulant réparer une trop longue anomalie a transporté la présomption de faute de l'ouvrier sur le patron. Ce sera donc désormais à l'entrepreneur de prouver la négligence de son employé, s'il veut s'exonérer ou se faire décharger en partie de l'indemnité qui est accordée a priori au travailleur réputé exempt de faute. Voilà comment le législateur vient encore de faire œuvre de justice.

***

C'est à M. Martin-Nadaud, député, c'est à la généreuse initiative des Keller et des de Mun, que l'on doit l'honneur de ce renversement de la preuve légale. M. Nadaud en a conçu le dessein en 1880 et ses sages idées furent précisées dans un projet de loi que la Chambre adopta en première lecture au mois d'octobre 1884. Il a fallu 18 ans de débats, — disons plutôt 18 ans d'inaction, — pour faire aboutir l'année dernière seulement, des réformes pourtant si désirables, et cela parce que MM. les députés avaient sans doute autre chose à faire. Tous les hommes politiques ont pris parti dans cette question palpitante. Enfin, après le remaniement de bien des projets renvoyés de la Chambre au Sénat et du Sénat à la Chambre, le texte définitif de la nouvelle loi sur les accidents du travail fut adopté. C'est le 9 avril de l'année dernière qu'elle fut votée. On sait qu'elle devait être mise en vigueur le 1er juin, et qu'à la suite d'universelles protestations, on vient d'en proroger l'exécution jusqu'au 1er juillet.

Et pourquoi ces moyens dilatoires? C'est qu'hélas, après avoir soi-disant travaillé près de vingt années à résoudre un grave problème, ces Messieurs de la Chambre en sont arrivés à ce résultat de ne réparer certaines injustices que pour consacrer par leur loi nouvelle d'autres injustices plus graves encore. Ils ont, pour ainsi dire, voté les yeux fermés, s'endormant au bout d'un trop long voyage sur la route qui conduit au progrès, mais sans se douter que leur char emporté — il est vrai — par de beaux enthousiasmes, ne tarderait pas à dévier dans l'ornière. Or, nous leur crions casse-cou, parce qu'ils se sont embourbés et fourvoyés.

C'est ici que je commencerai à exposer sommairement le dispositif du nouveau texte pour mettre mes lecteurs à même d'en étudier ensuite les effroyables conséquences.

EXPOSÉ DU TEXTE DE LA LOI

Il importe, pour être clair, de déterminer, les circonstances donnant lieu à l'application de la loi, de préciser ensuite quelles personnes seront appelées à bénéficier des dispositions nouvelles et quelles autres seront responsables. Nous exposerons ensuite les diverses indemnités accordées en cas d'accidents et les garanties destinées à en assurer le paiement.

I

Tous les sinistres survenus « par le fait du travail ou à l'occasion du travail » donnent droit à des dommages-intérêts, quand ils se sont produits dans certaines industries que la loi détermine. Chefs d'usines, entrepreneurs du bâtiment ou des transports, exploitants de mines et carrières, tous ceux aussi qui font usage de matières explosibles ou de machines « mues par une autre force que celle de l'homme ou des animaux » (en un mot les agriculteurs eux-mêmes pour la plupart) tous ces patrons doivent une indemnité à leurs ouvriers en cas d'accidents. Peu importe le nombre de travailleurs employés dans ces différents corps de métiers, peu importe aussi la qualité du chef d'atelier ou de l'entreprise, si ce n'est toutefois pour certains chantiers relevant des ministères de la guerre ou de la marine.

Les accidents sont classés d'après leur gravité ; ils peuvent occasionner soit décès, soit incapacité temporaire, soit incapacité permanente, partielle ou totale. Aux sinistres de légère importance correspondront de petites allocations de courte durée ; les sinistres plus graves donneront droit à des pensions.

II

Tous les ouvriers et employés de ces corps de métiers, blessés dans leur travail, pourront prétendre aux indemnités imparties par la loi, pourvu qu'il ne s'agisse pas d'individus occupés seuls d'ordinaire. Ceux dont le salaire annuel dépasse 2,400 francs, ne bénéficient de ces dispositions que jusqu'à concurrence de cette somme. Pour le surplus, ajoute l'article 2, ils n'ont droit qu'au quart des rentes ou indemnités stipulées, à moins de conventions contraires quant au chiffre de la quotité. Les mêmes avantages sont accordés aux représentants des sinistrés, c'est-à-dire à l'époux survivant, aux enfants mineurs de moins de seize ans, et à défaut des uns et des autres aux petits-enfants de la victime, jusqu'à l'âge de seize ans, ainsi qu'aux ascendants dont elle avait la charge. Les ouvriers étrangers ne sont assimilés aux ouvriers français que dans le cas où leurs familles résideraient en France au moment du sinistre.

III

Voici maintenant les obligations des responsables. Il va sans dire que les frais pharmaceutiques et médicaux restent à leur charge. La loi nouvelle les grève de frais funéraires jusqu'à concurrence de 100 francs.

Au cas d'incapacité temporaire, le patron devra à la victime une allocation égale à la moitié de son salaire, mais dont elle ne pourra jouir qu'à partir du cinquième jour de l'incapacité dûment constatée.

S'agit-il d'une incapacité permanente ou d'un décès? le patron devra servir une rente basée sur le salaire annuel de l'employé et qui variera suivant les cas.

L'incapacité permanente est-elle absolue? — l'ouvrier a eu les deux jambes broyées dans un engrenage, — il aura droit à une pension équivalente aux deux tiers de son salaire. S'il gagnait 1,200 fr. par an, ce sera 800 francs de rente qui seront impartis chaque année à lui ou à ses ayants-cause.

Au contraire, l'incapacité permanente, mais partielle seulement, provenant, par exemple, de doigts emportés à l'usine, ne permettra au sinistré de réclamer que la moitié de la réduction du salaire, entraîné par l'accident. Je suppose qu'il s'agisse d'un ouvrier travaillant dans une manufacture. S'il y gagnait 5 francs par jour et qu'il ait dû par la suite de sa mutilation renoncer au travail d'usine pour s'engager comme manœuvre à 3 francs, la diminution de son salaire quotidien étant de 2 francs, il aura droit à une rente annuelle calculée sur la base de 1 franc par jour et correspondant à la moitié de ladite réduction.

Le sinistre a-t-il causé mort d'homme? La situation s'aggrave pour le patron au point de devenir intolérable. Il doit à l'époux survivant une rente représentative de 20 °/₀ du salaire annuel de la victime, et cela jusqu'à ce qu'il y ait remariage du survivant. Le débiteur pourrait alors se libérer en versant à celui-ci, et d'un seul coup, un capital équivalent à trois années de pension. Si le sinistré gagnait 1,000 francs, sa veuve en percevra donc 200 chaque année.

En outre, et cumulativement, il est dû aux enfants mineurs de moins de 16 ans, et suivant que leur nombre s'élève de 1 à 4 au plus, une rente variant de 15 à 40 °/₀ pour les orphelins de père ou de mère, et de 20 à 60 °/₀ pour les adultes n'ayant ni père, ni mère. Envisageons encore l'hypothèse d'un ouvrier gagnant 1000 fr. par an et laissant deux enfants avec leur mère. Ils toucheront en bloc, d'une part 20 °/₀, qui est l'indemnité de la veuve, et de l'autre, 25 °/₀, qui est l'indemnité des orphelins, soit en tout 45 °/₀, ou 450 francs. S'il y avait 4 mineurs au lieu de 2, le patron devrait 60 °/₀ de salaire, soit 600 francs de rente, car la loi ne veut pas que les indemnités cumulées puissent dépasser ce taux déjà exorbitant.

Les autres descendants ou ascendants à la charge de la victime, en l'absence des deux catégories de bénéficiaires précédemment citées, toucheraient chacun annuellement, en cas de mort du sinistré 10 °/₀ du salaire, sans que l'ensemble des indemnités accordées aux divers titulaires, puisse dépasser 30 °/₀ du salaire annuel.

De toutes ces rentes le patron pourrait s'exonérer, en tout ou en partie, par le versement préalable du capital à la caisse des Retraites pour la Vieillesse, chargée de contrôler le service régulier des pensions.

Ce que j'ai dit jusqu'ici vise les cas où le patron peut se dire exempt de faute dans les accidents du travail. Que si, au contraire, la faute de l'entrepreneur était inexcusable elle pourrait donner lieu à une majoration du chiffre de l'indemnité. Il serait alors loisible au tribunal d'en arbitrer le montant jusqu'à concurrence du total du salaire annuel.

Le sinistre a-t-il été intentionnel de la part de la victime, comme dans l'hypothèse d'un suicide, sa famille n'aurait rien à réclamer du patron.

Mais au cas de simple faute lourde de l'ouvrier (faute souvent bien difficile à démêler d'avec l'intention formelle), le blessé, quoique artisan inexcusable de son propre malheur, ne perdrait pas son droit à l'indemnité légale. Le tribunal appelé à prononcer pourrait seulement, dans ce cas, diminuer le chiffre des dommages-intérêts, il ne pourrait, néanmoins, exonérer totalement le patron.

Je me borne à exposer les faits, nous les jugerons bientôt.

IV

Nous en arrivons maintenant à la question des garanties. Je ne voudrais pas, en effet, abuser de votre attention, en m'attardant sur certaines autres dispositions de la loi, moins importantes pour vous, celles, par exemple, qui concernent la procédure et ses délais, les formalités à remplir, etc. Tous ces développements augmenteraient d'une façon plus notable qu'intéressante, le cadre déjà très étendu de cet entretien.

Pour être logique avec elle-même, la loi devait s'inquiéter des moyens de garantir, d'assurer dans toutes les circonstances, le paiement des indemnités qu'elle décrétait. Dans ce but qu'a-t-elle décidé ? Que si le patron ou sa compagnie d'assurances ne s'acquittaient pas, la Caisse des Retraites pour la vieillesse répondrait de leur dette, et leur en ferait l'avance, en payant l'indemnité encourue, quitte à se récupérer ensuite sur les véritables débiteurs. Voilà, certes, une garantie sérieuse pour les sinistrés.

Il fallait aussi mettre à l'abri la Caisse des Retraites elle-même, contre la faillite possible du patron et des compagnies d'assurances. On l'a fait de la façon suivante :

Afin d'alimenter le fonds de garantie de ladite Caisse, il sera désormais prélevé à son profit 4 centimes additionnels sur le principal de l'impôt des patentes, dans les industries tombant sous le coup de la loi. En outre, les compagnies d'assurances fourniront à la caisse nationale des retraites, un cautionnement important qui répondra lui aussi du versement des indemnités.

La loi a fixé le tarif des primes à payer à la caisse des retraites quand les patrons font directement assurer leurs ouvriers par elle. Les chiffres sont fort élevés puisqu'ils peuvent varier depuis un minimum de 0,15 centimes °/₀ pour les fabriques de chaussures où il n'est pas fait usage de moteur, jusqu'à un maximum de 9,38 °/₀ pour le lourd camionnage, et même de 9,75 pour les charpentiers. Vous pourrez contrôler ces chiffres dans les journaux de la localité.

De ce qui précède, il résulte que trois hypothèses peuvent se présenter. — Ou bien le patron reste son propre assureur, — ou bien il s'adresse à une compagnie d'assurances, - ou bien il se met à couvert en s'affiliant à un syndicat de garantie.

Si l'entrepreneur est son propre assureur, il est responsable sur tous ses biens.

Si ses risques ont été pris par une compagnie d'assurances, celle-ci prend le lieu et place du patron au point de vue des responsabilités, et, en cas de sinistre, celui-ci ne peut plus être recherché.

Quant aux syndicats de garantie (cette forme d'assurance mutuelle entre gens du même corps de métier), je ne les nomme ici que pour mémoire, sachant bien qu'il ne saurait en être question à Alençon, puisqu'ils ne peuvent se constituer légalement, que par groupement de 5,000 ouvriers, et d'au moins 10 chefs d'entreprise, dont 5 occupant un minimum de 300 employés.

CRITIQUE DE LA LOI

J'en ai fini, avec l'examen du texte, passons à la critique.

De l'exposé que je viens de vous faire, il semblerait résulter que le législateur s'est inspiré du plus grand intérêt des ouvriers. Messieurs, les résultats sont tout autres. La loi sera très préjudiciable aux travailleurs en même temps qu'aux chefs d'atelier.

A qui servira-t-elle ?

Je vais vous le dire ;

Aux gros spéculateurs, aux juifs, qui trouveront dans les compagnies d'assurances des débouchés pour leurs capitaux et qui arriveront par la ruine des petits patrons au monopole et à l'accaparement.

I

Vous, pères de familles, vous la classe la plus intéressante, vous serez les premiers sacrifiés. Les portes de l'atelier se fermeront devant vous.

Qu'ai-je dit, en effet ?

Qu'en cas de mort, l'entrepreneur peut devoir annuellement à ceux que vous laissez jusqu'à 60 °/₀ de votre salaire (l'allocation étant proportionnelle au nombre de vos enfants), tandis que s'il s'agit d'un célibataire, le patron peut, dans certains cas, n'avoir rien à payer.

Vous comprendrez donc que la plus simple sagesse commandera aux entrepreneurs de ne plus employer ceux de leurs ouvriers qui ont de la famille et de les remplacer par des travailleurs non mariés.

Mais, — me dites-vous, — le chef d'atelier hésitera à remercier un père de famille, surtout s'il est honnête et laborieux ? Eh bien ! non, hélas ! le patron devra faire taire ses regrets, il lui faudra dorénavant s'attacher davantage à la quantité de ceux qui restent, qu'à la qualité de ceux qui partent, et force lui sera de se séparer de vous.

Vous lui représenterez que ce sera la misère pour votre famille. Il vous répondra que vous garder ferait la ruine de la sienne.

Et, devant trouver moins facilement encore du travail dans d'autres chantiers que dans celui de votre ancien patron, vous resterez sans ressources, vous et les vôtres.

Ainsi, au chef de famille, la moralité, l'honnêteté, l'assiduité au travail, bref toutes les vertus qui font le bon ouvrier, tout cela sera compté pour peu de chose. Au célibataire, par contre, tout sera passé. L'ivrognerie, l'inexactitude et la paresse lui seront facilement pardonnées, puisque le chef d'usine aura dû renvoyer déjà les pères de famille, et qu'il devra conserver à tout prix les célibataires, qui seuls formeront comme son personnel obligé.

Voilà un singulier encouragement à l'honnêteté et à la morale ! — C'est là une belle prime pour favoriser les mariages et le repeuplement de la France.

Depuis trop longtemps déjà les statistiques accusent une diminution croissante de la natalité française, par rapport à celle des pays voisins qui nous guettent. Le danger est grave car, tandis que les bataillons allemands voient leurs rangs se presser et se grossir chaque année, les nôtres restent douloureusement stationnaires. Et nous serions bientôt dans une situation d'infériorité notoire,si notre législation n'y portait remède. Ce n'était donc pas le moment de frapper les familles de stérilité en proclamant la supériorité industrielle du célibat. L'heure était bien mal choisie pour écraser les pères de famille qui avaient rempli leur devoir et pour les jeter sur le pavé !

Moi, je crie : Vivent les pères de famille, et qu'on leur fasse droit !

Et qui vous dit, que ces articles perfides de la loi nouvelle n'ont pas été inspirés par ces mêmes gens, juifs ou autres, qui n'ont d'autre but que d'avilir la France aux yeux de l'étranger et d'amoindrir sa force vitale, en s'efforçant de jeter le discrédit sur la magistrature, sur l'armée, sur la famille, sur nos institutions les plus saintes ?

II

Ce qui vous sera le plus nuisible ensuite, ce sera l'introduction des ouvriers étrangers auxquels la nouvelle loi ouvre les frontières et qui viendront vous faire concurrence chez vous.

En effet, si l'indemnité due à la famille d'un Français, peut atteindre jusqu'à 60 °/o du salaire, le patron ne devra rien, en revanche, à la famille de l'étranger sinistré, quand celle-ci résidera hors de France au moment de l'accident.

Messieurs, la conclusion s'impose, le patron aura grand intérêt à embaucher des ouvriers étrangers. Ils sont déjà trop nombreux sur nos chantiers. Combien seront-ils demain? Ils afflueront, Belges, Allemands ou Italiens.Ce sera pour multiplier encore ces rixes fréquentes dont ils ont le secret. Ce sera pour vous disputer votre morceau de pain. Le patron, la mort dans l'âme, mais pour éviter sa ruine, aura dû recourir à ces exotiques qui vous remplaceront. N'est-ce pas la conquête morale des ateliers français par les ennemis de la France?

Vous savez que les ouvriers étrangers travaillent pour des prix inférieurs aux vôtres.Ne craignez-vous pas non plus que leur immigration n'entraîne fatalement et de proche en proche l'abaissement général des salaires par la concurrence devenue plus grande??

III

La diminution des salaires, vous la craignez tous, parce que tous avez une famille à nourrir. Hélas! la loi nouvelle vous y conduit tout droit et par d'autres voies encore.

Ce sera le fait d'abord de l'accroissement de la main d'œuvre étrangère; ce sera le fait, ensuite, de l'enchérissement des primes d'assurances.

Vous avez tous été frappés, messieurs, dans l'exposé que je vous ai fait de la loi, des charges pesantes que l'on imposait aux patrons. Cette augmentation de responsabilité dont ils voudront se décharger, se traduira bien entendu pour eux, par une augmentation non moins considérable de la somme annuelle à verser aux assurances. Tous les chefs d'atelier seront placés dans cette terrible alternative, ou de ne pas s'assurer, et de perdre leur crédit, parce qu'un accident peut les ruiner demain ; ou de se couvrir en passant leurs risques à des compagnies qui les exploiteront parfois, et qui absorberont, en tout cas, le plus clair de leurs bénéfices.

Qui donc subira en fin de compte, ouvriers, cet accroissement des primes ? Ce sera vous !

La loi défend bien au patron de le prélever sur votre salaire ; mais, comme elle ne fixe pas le prix de votre journée, vous le verrez diminuer. Il servira forcément de compensation.

Conséquences désastreuses pour l'ouvrier, et pour le chef d'usine! Semence de discorde entre deux classes d'hommes faites pour s'aimer !!

Il est encore une autre cause qui amènera fatalement la baisse du prix de la journée.

Suivez mon raisonnement.

Vous admettez avec moi que plus la besogne est abondante dans une ville, plus elle est payée cher. Telles sont les exigences de la loi de l'offre et de la demande. Qu'arriverait-il donc si le nombre des ateliers diminuait, alors que celui des bouches à nourrir resterait le même ? La conséquence serait que pour vivre, à tout prix, les ouvriers inoccupés se feraient concurrence entre eux, et consentiraient à travailler à très bon compte, à perte même, plutôt que de rester dans une inaction ruineuse. Mieux vaudrait, penseraient-ils, végéter que mourir de faim ! Ainsi le salaire serait naturellement réduit, si le travail venait à manquer, si le petit patronat, qui assure la majeure partie de ce travail, venait à diminuer, si les petits ateliers plus nombreux et plus stables venaient à être remplacés par des chantiers voyageurs et rares de quelques gros entrepreneurs. Ceux-ci, d'ailleurs, est-il besoin de le dire, deviendraient les seuls arbitres de salaires déjà réduits, qu'ils pourraient encore rogner à leur guise.

IV

Or, messieurs, la loi du 9 avril produit directement les deux dernières causes d'amoindrissement de la rémunération du travail ; car elle tue la petite industrie.

Je connais déjà plus d'un patron qui compte fermer son atelier si le texte maladroit de la loi sur les accidents n'est pas modifié de fond en comble. Il est certain, en effet, que les petits entrepreneurs (de beaucoup les plus nombreux et les plus dignes de sollicitude), n'ayant pas les capitaux nécessaires pour subvenir à l'assurance si onéreuse de leur personnel, ou pour verser les dommages-intérêts énormes provenant d'un accident, préféreront se retirer et cesser leur industrie, déjà peu rémunératice. Ils ne voudront pas courir les risques de perdre par un seul sinistre ce pécule qu'ils auront mis tant d'années à amasser. Et ce raisonnement est très logique, vous ne sauriez les en blâmer.

Il disparaîtra donc ce petit patron, votre ancien camarade et votre ami, lui qui vous donnait son affection et qui vous aidait à gagner votre pain. — Combien de malheureux alors resteront sans ressources!

Combien aussi parmi vous, qui espériez un jour arriver à être vos maîtres en devenant chefs d'atelier, verront s'épanouir ce rêve si légitime de tout bon ouvrier. Il va de soi, en effet, que si le petit patronat actuellement existant doit être frappé de mort par la nouvelle loi, la même cause l'empêchera de jamais renaître et de se reformer au profit de l'ouvrier. Ce sera donc pour vous le travail sans progrès, sans lendemain, sans attente possible d'un sort meilleur.

Que dis-je ? Vous serez plus que jamais assujettis et dépendants. Si la petite industrie (celle qui n'a point de capitaux) succombe dans l'avenir, la grande industrie (celle des capitalistes, celle des fortunés), résistera seule. Plus rien alors à l'horizon, désormais borné du travailleur ! Plus rien que le sphinx impassible et dur des grosses sociétés anonymes ! Elles accapareront les ateliers, les usines et le travail. Ces monopoleurs, mes amis, vous les connaissez : je n'ai pas besoin de les nommer. Vous serez plus que jamais à leur merci.

En vérité, je m'étonne que mon prédécesseur à cette tribune ait pu escompter sans regret et sans crainte pour l'ouvrier la mort du petit patron.

Pour ma part, je ne puis, sans une peine profonde entrevoir pour l'avenir dans la généralité des cas, la ruine de notre belle industrie française; je ne puis envisager sans frémir l'oppression future de l'ouvrier par les gros syndicats israélites devenus seuls détenteurs de nos usines désertées.

V

Il y aurait encore bien des choses à dire contre la loi sur les accidents ; mais j'abrège.

Je ne lui reprocherai plus que l'insuffisance et le manque de précision de son texte.

Est-il admissible que la loi englobe sans distinction dans un même droit à une indemnité, les accidents survenus « à l'occasion du travail » ?

Qui oserait soutenir, par exemple, qu'un ouvrier faisant une chute en se rendant à l'atelier et avant même d'avoir commencé sa besogne peut exiger de l'employeur des dommages-intérêts pour la blessure occasionnée par son faux-pas ? — Qui pourrait prétendre que, si la foudre venait à tomber sur un chantier en activité, le patron serait responsable du sinistre ? — Pourtant ce sont bien là des accidents « à l'occasion du travail ». La loi prête donc à des interprétations aussi bizarres que sévères pour les entrepreneurs.

J'ai dit « sévères pour les entrepreneurs » : parce que, de fait, la loi nouvelle semble les accabler de parti pris, même dans ses réticences. Je n'en veux pour preuve que l'impression du texte qui consacre le principe de la responsabilité du patron, même en cas de faute lourde de l'ouvrier. Si le chauffeur dans une usine se fait tuer par l'explosion d'un générateur, pour n'avoir pas consulté le manomètre, on peut bien dire qu'il est mort par sa faute, par sa faute très lourde et très imputable. Pourquoi l'entrepreneur serait-il dans cette hypothèse condamné à servir une rente (même diminuée) à la famille de la victime ? Serait-ce pour favoriser la négligence de l'ouvrier ? C'est aussi en quelque sorte donner une prime au suicide. Il est si difficile, en certains cas, de distinguer la « faute volontaire » qui exonère le patron de toute indemnité, d'avec la « faute lourde » qui laisse encore une responsabilité pécuniaire à sa charge.

Puis, à quelles singulières anomalies l'application de la loi ne donne-t-elle pas lieu ?

Ecoutez plutôt.

Voici un homme de journée qui se loue dans les fermes au moment du battage mécanique des récoltes, aujourd'hui ici, demain plus loin. S'il travaille ce soir chez un patron aisé, possesseur d'une machine à battre actionnée par la vapeur, il sera garanti par la nouvelle loi. Le jour suivant, chez un agriculteur plus pauvre, qui ne fait usage que d'une modeste machine mue par des chevaux, le même ouvrier n'aura plus droit à aucune indemnité en cas de blessure. C'est donc que tous les accidents du travail ne sont pas compris dans la répartition des dommages-intérêts ; c'est donc que l'on a fait un choix bien peu judicieux entre les diverses catégories de sinistres et d'ouvriers.

Enfin, de grandes difficultés pourront surgir soit avec la Caisse Nationale des Retraites, soit avec les compagnies d'assurances, par suite des interprétations différentes du tarif officiel des primes. Ainsi, je suppose que dans un chantier de pierres, un homme employé à la taille, et par suite assuré pour un chiffre relativement faible, soit blessé en chargeant ou en déchargeant un bloc. L'assureur ne manquera pas de prétendre que l'accident n'a pas eu lieu dans le cours du travail ordinaire de la victime, mais bien pendant une besogne accidentelle pour laquelle il n'était point garanti. Dès lors le patron aura payé pendant de longues années, peut-être, une prime inutile qui ne l'aura point couvert. La situation serait identique si le même tailleur de pierres, occupé à son travail à proximité de l'extraction, était subitement atteint par l'explosion d'une mine.

De tout cela il résulte que la loi sur les accidents, pourtant si hérissée de multiples articles, est bien loin d'avoir tout prévu.

REMÈDES ET CONCLUSIONS

Maintenant, messieurs, que mes lecteurs me permettent une question. Que pensez-vous d'une loi dont le résultat doit être le renversement de l'ordre normal des choses ?

Le patron forcé désormais d'employer d'abord l'étranger, puis le célibataire, puis en dernière ressource le père de famille ; alors que le père de famille devrait être le premier embauché, puis le célibataire, puis enfin l'étranger ! Mais c'est le contraire du bon sens !

Les salaires que nous aspirons tous à voir respecter et que la nouvelle loi prend à tâche de réduire ! — Mais c'est le progrès à rebours !

Que dites-vous d'une loi de garantie qui, loin de protéger l'ouvrier, le TUE en se donnant des airs de le flatter ?

Telle est pourtant la perfidie du texte?

En vérité, je ne puis voir dans ces articles qu'une manœuvre électorale de mauvais aloi, comme l'a laissé entendre M. Gautier de Clagny, dans la séance du 2 mai de l'année dernière.

Encore ne serait-ce pas une excuse.

Oui, nous voulons démasquer le jeu de ceux qui ont voté cette loi, en même temps que leur insouciance prolongée et leur maladresse notoire. Si la loi sur les accidents du travail devait avoir, selon eux, tant de portée pour l'ouvrier (et elle l'a effectivement) pourquoi donc l'avoir laissé dormir dans les cartons pendant 18 années, alors que quelques bonnes séances eussent suffi, en les employant utilement? — Si les réformes étaient si nécessaires et si urgentes, il fallait les étudier de suite et plus rapidement.

Et ce n'était pas une raison d'avoir accumulé retards sur retards, pour escamoter à la hâte (à la veille des élections) une loi de cette importance.

C'est sans doute pour ses apparences hypocritement populaires qu'on l'aura votée si vite. Les candidats à la députation auraient dû pourtant se rendre compte que, si leur loi pouvait tromper momentanément leurs électeurs, ceux-ci ne tarderaient pas à comprendre la duperie et à s'en prendre à leurs dupeurs. C'est le pavé de l'ours qu'on nous a jeté à la tête.

***

Après la constatation du mal, songeons aux remèdes.

On a parlé de l'assurance par l'*État*, (comme elle se pratique en Allemagne), pour arracher l'ouvrier et le patron aux exigences des compagnies. Mais j'y verrais l'inconvénient de tuer l'initiative individuelle, et de donner au patron, par une trop grande sécurité, la tentation de se relâcher de sa surveillance.

On pourrait conseiller aux entrepreneurs, de contracter *par groupes* avec les compagnies d'assurances ordinaires, afin d'obtenir d'elles des conditions plus avantageuses. C'est ce qu'ont fait dernièrement les syndicats agricoles de l'Anjou.

Enfin quelques bons esprits ont émis l'avis qu'il fallait que les petits patrons multipliassent entre eux les assurances mutuelles *par catégories de métiers*. L'exemple a été donné par les industries métallurgiques, sur l'initiative des forges de Jœuf et du Creusot, et déjà les industries textiles se proposent de l'imiter.

Mais tous ces moyens ne sont que des palliatifs dans l'état actuel des choses.

Ce qu'il faut c'est la suppression de l'indemnité graduée d'après le nombre des enfants, qui tuera la natalité en France, avec les pères de famille.

Ce qu'il faut c'est que le patron soit exonéré complétement et de plein droit, en cas de « faute lourde » de son employé.

Ce qu'il faut, c'est que l'entrepreneur n'ait plus un intérêt pécuniaire à embaucher l'étranger de préférence au Français.

Mais, la solution, selon moi, serait trouvée dans la plus grande extension à donner aux sociétés de secours mutuels, et dans le droit qu'on leur accorderait avec une plus large mesure d'acquérir et de posséder.

Si ces groupements se développaient dans chaque corps de métier, si on leur permettait de fonder des domaines professionnels à l'aide des contributions combinées du patron et de l'ouvrier, on serait vite à même de couvrir dans chaque catégorie d'industrie la plus grande partie des risques d'accidents et cela au plus grand avantage de l'union entre les chefs d'atelier et les travailleurs.

Ce qu'il faut, en tout état de cause, c'est que la justice soit égale pour l'ouvrier et pour le patron, c'est qu'après avoir longtemps favorisé le second au détriment du premier, on n'en arrive point à tuer l'entrepreneur, soi-disant pour faire vivre ses employés. Si l'ouvrier est nécessaire au patron, le patron est nécessaire à l'ouvrier : l'un et l'autre sont solidaires.

Ce qu'il faut enfin, pour aboutir à un résultat pratique et immédiat c'est de provoquer de suite une refonte complète de la loi, et pour cela de pétitionner en vue d'obtenir la prorogation de sa mise en vigueur non seulement jusqu'au 1er juillet, mais jusqu'au 1er janvier par exemple, pour donner le temps de consulter les intéressés.

A nous donc, patrons et ouvriers qui avons les mêmes intérêts, de marcher la main dans la main pour atteindre notre but final.

Arras. — Imprimerie Sueur-Charruey, rue des Balances, 10.

Arras : Imprimerie SUEUR-CHARRUEY, rue des Balances.10.

www.ingramcontent.com/pod-product-compliance
Ingram Content Group UK Ltd.
Pitfield, Milton Keynes, MK11 3LW, UK
UKHW020453220726
13923UKWH00006B/2516